MARINKO ŠPANOVIĆ

POLJUBAC SVJETLOSTI
KISS OF LIGHT

- HAIKU -

Biblioteka / Series

Hrvatski haiku pjesnici
Croatian Haiku Poets

Knjiga 5 / Book 5

HRVATSKO HAIKU DRUŠTVO
THE CROATIAN HAIKU ASSOCIATION

Samobor, 1995.

Marinko Španović
Poljubac svjetlosti / Kiss of Light
Haiku

Biblioteka / Series
Hrvatski haiku pjesnici / Croatian Haiku Poets

Knjiga 5 / Book 5

Izdavač / Publisher
Hrvatsko haiku društvo
The Croatian Haiku Association
Samobor, Smerovišće 24

Za izdavača / Publisher
Marijan Čekolj

Preveo / Translated by
Robert Bebek

Slika na koricama, ilustracije
Drawing on the cover, illustrations
Mihovil Markulin

Tisak / Print
C.B. PRINT - Samobor

Naklada / Publishing
500 primjeraka / Copies

Printed in Croatia
Samobor, 1995.

ISBN 953-96157-4-7

Marinko Španović:

POLJUBAC SVJETLOSTI

Jedan od istinskih haiku pjesnika Hrvatske — Marinko Španović pojavljuje se u svojoj haiku knjizi POLJUBAC SVJETLOSTI presjekom kroz svoje plodne dvadesetogodišnje haiku stvaralaštvo, pa je knjiga odraz i rezultat pjesnikova temeljnog životnog/haiku iskustva: kao načina života, kao pogleda na svijet, kao zen mišljenja-osjećanja-doživljavanja svekolikog zbivanja u prirodi/svijetu, čiji je pjesnik sastavni, neizostavni, ali nenapadni dio, koji dakle ništa ne određuje, ali sve primjećuje; koji ničim ne upravlja, ali k svemu prijanja — nenametljivo, odnosno: sve stvari i pojave (haiku trenuci) pred njegovom se dušom pokazuju i razotkrivaju u svoj svojoj čistoti i ljepoti, u svom — od praiskona — izvornom obliku i pojavnosti, jer i duša pjesnikova jest takva: poljupcem svjetlosti dodirnuta (probuđena) — k svjetlosti teži, lebdeći u prostoru u kojem haiku pročišćava dušu, pripremajući je za sve-prostor, za besmrtnost.

Pojednostavljeno, haiku i jest obitavalište pročišćenih duša (u kršćanstvu: Čistilište), ali kroz koji (haiku) se duše pjesničke oplemenjuju i produhovljavaju na putu do besmrtnosti (u kršćanstvu: Raj Nebeski), u kojoj (vječnosti) borave bogovi i pjesnici, pjesnici i bogovi, u vječnom tu-i-sada trenutku, izvan vremena i prostora. U stanju takvog vidika dodir nedodirljivosti (Poljubac svjetlosti) jest realan čin zen iskustva, u kojem irealno prelazi u realno kao intuitivna samospoznaja, koja zatim uvjetuje i uspostavlja univerzalnu svijest na jednom mnogo višem nivou komuniciranja: sa prirodom, svijetom, ljudima, pa i sa samim sobom. Komunikacija bez riječi (dodir nedodirljivosti) jest najteži oblik komuniciranja, kao što je i haiku najteži oblik poezije. Reci mi svoj haiku pa ću ti reći tko si.

Marinko Španović savršeno vlada haiku komunikacijom, kojom dopire do neodijeljenosti, i to sveotvorenošću kojom postaje dio poruke, dio znanja, dio ljepote koja kroz njega prolazi i po njemu postaje. Prolazi ljubav i postaje ljubav, kao čin izuzetne sluhovitosti za novootkrivene razloge postojanja, kroz haiku kao centralnim mjestom događanja svakog susreta sa samim sobom, u kojem (susretu) i jest sjedište duha. U prožimanju unutarnjeg i vanjskog svijeta kroz haiku — rađe se kraljevstvo jedinstva, energija koja i naizgled mrtve stvari i pojave iz svakidašnjeg života pretvara u žive, a ono što je naizgled rastavljeno — spaja. Stoga se haiku nikada ne bi trebao nastojati razumjeti, već uvijek osjetiti; nikada da ga analiziramo — već da mu uvijek i svuda vjerujemo, jer haiku i jest vrsta vjerovanja, između ostalog, kao život sa svetom tajnom, kao trepet s listom (listanju je tako stablo ponuđeno), iako stvari i pojave kao otkrića nailaze zajedno s našom sposobnošću da ih primamo.

Tako je i svaki ozbiljan haiku čitaoc ujedno i haiku pjesnik, jer moći primati znači i moći davati. Španović beskrajno prima, a daje neograničeno, u plodnim trenucima kada se otkriva ljudska duša, daje najveći dar na svijetu – haiku – dijeljiv samo sa svima, u smislu čiste ljepote, u ljepoti čistog smisla, jer ono što je najbliže čini se najmanje vidljivim. Haiku se nalazi i u toj blizini i u onoj daljini – istovremeno, u sveprisutnosti, u sveprostoru, uvijek tu-i-sada. Sretan je čovjek koji to vidi. Obdaren radosnom vedrinom, u prirodnom događanju duha, razborito povjerenje prema istini dostiže vječiti čovjekov cilj: da bude slobodan; od sebe samog, ali i za cijelog sebe, a samim time slobodan i otvoren za Sve, u kojem se može pokušati izreći neizrecivo.

Haiku poezija Marinka Španovića odražava stanje duha više dimenzije (makrokozmosa), koja obuhvaća nižu (mikrokozmos), bez poništavanja njenih kvaliteta. Na taj način najviše stanje integracije se ne sastoji u uništavanju različitih kvaliteta, već u njihovoj savršenoj međusobnoj povezanosti i skladnosti, pomoću koje oni postaju kvaliteti univerzalne (kozmičke) svijesti. Tako putuje neuništivi život. Kroz haiku dragulje / putem haiku dragulja Marinka Španovića, u Poljupcu svjetlosti.

Marijan čekolj

Marinko Španović

THE KISS OF LIGHT

One of the true haiku poets in Croatia - Marinko Španović gives in his haiku book THE KISS OF LIGHT the survey of his fruitfull twenty years haiku writing, so the book is reflection and result of the poet's basic life (haiku experience; as a way of life, as his life philosophy, as zen thinking - feeling - experiencing of nature) world of which the poet is a constituent, nonomissible but discreet part, not determining anything but noticing everything; not directing anything but accepting everything - unobtrusively; that is all things and occurences (haiku moments) are to his soul shown in their real beauty and purity, in their - of yore - original shape and figure, the same as the poets soul: touched and awake by the kiss of light - longing for light, floating in the space in which haiku purifies a soul, preparing it for the all-space, for the eternity.

To simplify, haiku is the dwelling place of purified souls (Christian: Purgatory) through which (haiku) the poets' souls are refined and enobled on their way to eternity (Christian: Paradise) in which dwell gods and poets, poets and gods, in eternal here-and-now moment, out of time and space. In that state of mind the touch of untouchable (The kiss of light) is the real zen-experience, in which unreal becomes real as intuitive self-cognition, constructing universal consciousness on higher level of communication with nature, world, people and ewen with ourselves. Communication without words (the touch of untouchable) is the most difficult way of communication, as well as haiku is the most difficult form of poetry. Tell me your haiku and I shall tell you who you are.

Marnko Španović is the master of haiku communication, touching the inseparable, by straightforwardness which becomes a part of knowledge, a part of beauty, passing through him and made by him. The passing of love and making love, as an act of very special awareness for the newfound reasons of being, through haiku as central place of meeting oneself as a centre of spirit. In saturation of inner and outside world through haiku there becomes the kingdom of unity, the energy of which returns to life »the dead« things and occurences from everyday life. Therefore, haiku should never be understood, it should be felt; never anlyzed but always believed, because haiku is a sort of religion, among other things, as life with the holy secret, as trembling with the leaf (the same as leafing is offered to the tree) although the things are found anew with our ability to accept them.

Therefore, every serious haiku reader is a haiku poet as well, because the ability of receiving means the ability of giving. Španović receives endlessly and gives endlessly too, in that fruitful moment of human soul's opening, he gives the greatest gift - haiku - which can be shared only by everyone in the sense of pure beauty, in the beauty of pure sense, because what is the closest appears the most difficult to be seen. Happy is the man who sees it. In the joyfull serenity, in natural state of man's mind, the eternal human aim can be reached: to be free for himself and from himself, and by that free and open for everything, man can try to express inexpressible.

Haiku poetry of Marinko Španović is the reflection of the higher level of spirit (macrocosmos) including lower level of spirit (microcosmos) without destroying its qualities. Therefore, the higher integration level does not mean destroying various qualities, but their perfect interaction and harmony, becoming universal (cosmic) conscience.

That is how the indestructible life travels. By haiku jewels / through haiku jewels of Marinko Španović in his Kiss of Light.

Marijan Čekolj
May 15th, 1995.
Samobor

Lako je posvetiti knjigu.
Evo, ja bih je najradije posvetio svitanju.
Svitanje bi je dalo jutru, a ono bi oko podneva,
pitajući se što sada s tim. . . reklo:
Gdje je sada noć?!
U noći, s duhovnom srodnošću
i naročitom naklonošću reklo bi se. . .
Pa to i nije knjiga?!
Podijeli Ti sad noć na čitanje
i na svitanje.

Kos!
Cvrkutom razređuje
svanuće. . .

It is easy to dedicate a book.
There! I would like best to dedicate it to the dawning.
The dawning would give it to the morning, and the morning
would than around noon - asking itself what about it now
- said:
Where is the night now?!
In the night, with the spiritual kinship and with the
particular preference it would be said. . .
Well that isn't a book at all?!
So why don't you try yourself now to split the night into
the reading and the dawning.

The blackbird.
Dilutes the dawning in
its warble. . .

MARINKO ŠPANOVIĆ

POLJUBAC SVJETLOSTI
KISS OF LIGHT

- HAIKU-

Rijeka teče bez prestanka a ipak joj voda nikad nije ista _ dok se na mirnim mjestima skuplja i nestaje plutajuća pjena, ne zastajući ni trenutka. Uprvo je takav i čovjek sa svojim prebivalištem.

Kamo no Chômei

- Zapisi iz kolibe od deset stopa u kvadrat -

The river is constantly running by, and yet its water never remains the same-while in the calm places the floating foam gathers and disappears, not stopping still even for a moment. And the man too with his abode looks exactly like that.

Kamo no Chômei

- Jottings from the cottage of ten square foot -

STRAŠILO

To li sam?!
Da, to strašilo
jalovog vrta. . .

Izmiren u njemu plač, bol s kojom hodim. . .
Korak po korak s pticama u novu neizvjesnost. . .
Nakrivljen šešir i štap u ruci posut mrazom.
Poderan hod s perjem na ramenima. . . smijeh zvijezda!

Prokišnjava. . .
Nalet britkog vjetra
u vinogradu.

THE SCARECROW

So that is me?!
Yes, that scarecrow of
the fruitless garden. . .

A crying reconciled in him, this pain that I'm walking along with. . .
Step by step with the birds into a new uncertainty. . .
A cocked hat and a frost-strewn stick in the hand.
Ragged walk with feathers on the shoulders. . . laughter of the stars!

It is leaking. . .
A gust of the gale wind
in the vineyard.

JUTRO U MRAZU / A MORNING IN FROST

Mrazno jutro.
Još uvijek strašilo -
još više poderano.

A frosty morning.
And still scarecrow -
even more ragged.

The ice sparkles.
Old man searches with his stick
for the old punctures.

Cakli se led.
Starac štapom traži
stare rupice.

Korizmeni post;
Žganci s mlijekom -
vrapci u bljuzgavici.

The Lent fasting;
Boiled corn mush wiht the milk -
sparrows in the slush.

In the mouth of an
toothless old-man, the host
swiftly melted away.

Brzo se otopila
hostija u ustima
krezubog čiče.

Skitnica broji
korake. . . ne brine zima
za njegov kaput.

A tramp counts his own
steps. . . the Winter takes no care
about his coat.

»The Stony Doors«.
Candles whisper a prayer
of the Winter eve.

»Kamenita vrata«.
Svijeće šapuću molitvu
zimske večeri.

Let oblaka.
Svitanje laje
mraznim poljima.

Flight of the clouds.
The dawning is barking
through the frosty fields.

The white expanses. . .
How far can be heard the
woodpecker's knocking?!

Bijela prostranstva. . .
Kucanje žune
dokle se čuje?!

Rođena iz studeni
u ponoćnom poljupcu -
Nova godina.

Born from the chill
in the midnight kiss -
the New Year.

A diseased father;
his soup is still hot while the
keen winds are blowing.

Bolestan otac;
njegova juha je vruća
dok briju bure.

Zaleđen potok.
Djeca preskaču šumu
sa zaletom.

A frozen brook
Children leap over the forest
in the running jumps.

The morning Moon -
The pale brightness
is his kiss. . .

Jutarnji Mjesec -
Blijedi se sjaj
njegov poljubac. . .

Snijeg na snijeg. . .
Na usnama
ispucali vjetar.

Snow over the snow. . .
On the lips -
a chappy wind.

With its frosty window
a cottage in the snow
can not see anyone.

Zamrznutog okna
kućica u snijegu
nikog ne vidi.

Zaleđen salaš.
Muhe gdje ste,
- zuji studen. . .

The frozen farm.
Where are all the flies,
- the chill is buzzing. . .

MUHA

Vraćam se umoran. U mojoj maloj sobi više nema prašine ljeta koja bi se skupljala na police s knjigama, vazama, na slike po zidovima.

Na rubu stola
muha nožicama čisti
udarce krila.

Svijet je udaljen od tebe. Na kraju nečeg, sad već blizu smrti stražnjim nožicama ispruženim na zadak čistiš prašinu koje nema - gle, ti se umivaš, sad lijevom prednjom nožicom, sad desnom gladiš svoje lice. . . Još samo malo. . . stići ćeš do mrve kruha - Da, tako je crkla i ona prije tebe. . . Na kruh i više te neće biti! Tvoj umor je neizreciv, grebu te tvoje dlačice i sad ćeš se zavući u neku pukotinu na zidu gdje je još uvijek toplo. Nemaš daha, nemaš zuja. . . da li ćeš uspjeti?! Prepuštaš se s par pokreta, bez napora. Troma. Tjeram te. Kuda? Na toplo, u let?! Samo malko potrčiš jer letjeti više ne možeš. Početak oduzetosti sluti ti se u hodu, zrak koji udišeš pomalo te guši. Pobjegla bi - ne možeš, zujila bi ne čujem te! Ne pripada ti više ovaj prostor od tanjura do pepeljare. Teturaš. . . Nećeš stići. . . Posljednji tupi zuj i gotovo! Ukočeno ostaješ na tvom kao i mom stolu i jednim pokretom ruke odgurnem te u zaborav. . .

Posljednji let.
Tako nečujno je počela
i ova zima.

A FLY

I am returning very tired. In my little room there is no more Summer's dust gathering upon the book-shelves, the vases and the paintings on the walls.

On the table's edge
fly cleans up the blows from her wings
with her little legs.

The world is so far away from you. In the end of something, now so close to death, you are cleaning up the non-existing dust with your little posterior legs stretched out along your abdomen - look, you're washing yourself, now with your left front leg, now with your right leg you're touching up your face. . . Just a little bit more. . . and you'll reach that little crumb of bread - Yes, and that's how the one before you died too. . . On the bread and you'll be gone! Your weariness is unutterable, your fluff are scratching you and you'll crawl into the some still hot crack on the wall. You have no breath, you have no buzz. . . will you make it? You give yourself up with a few movements, without any effort. So sluggish. I'm chasing you. Where to? In the warm, to the flight?! You just run a while because you can not fly anymore. The beginning of paralyse bodes in your walk, the air that you're inhaling starts to suffocate you. You would like to run away - but you can't; you would like to buzz - but I can't hear you! This area from the plate up to the ash-tray doesn't belong to you anymore. You are tottering. . . You won't make it. . . The last shallow buzz and it is all over! You remaing stiffly on your and mine table, and than with a single touch of my hand I'm pushing you away into the oblivion. . .

The last flight.
Even this Winter started
in the same silence.

Kutija za čaj
gleda kroz prozor - led
zimskog jutra.

The tea-box
watches through window-ice of
the Winter morning.

Winter morning.
Sister widened the sky
with her laughter.

Zimsko jutro.
Sestra je osmijehom
proširila nebo.

Nakon gripe
majka je udahnila nebo
u vrtu. . .

After the flu
mother inhaled the sky
in the garden. . .

Shelter in the forest;
- the snow decorates it
- the snow frightens it!

Sklonište u šumi;
- snijeg ga kiti
- snijeg ga straši!

Zima odlazi. . .
Vjetar na svježe
obrijanom licu.

The and of Winter. . .
The wind upon my
just shaved face.

RAVNICA / THE PLAIN

In the steppe, horses
are throwing back their manes. . .
Just meet me there!

Konji u stepi
zabacuju grive. . .
Sretni me tamo!

Vedra modrina
cakli se u rijeci. . .
Mreža alasa.

The bright azureness
sparkles in the river. . .
The fishing-net.

The plain is glittering.
A crow strives against the wind
with her wings.

Bliješti ravnica.
Vrana se krilima
odupire vjetru.

Pusta palanko
gdje su ti blato
i bosi dječaci?!

You waste rustic country
where are your berefoot children
and where is your mud?!

River is the plain
travells so scarcely -
she counts the bull-rushes.

Jedva putuje
rijeka u ravnici -
broji rogoze.

Uhom još šušte
dani žetve - Strnokos
raj ptica. . .

Days of the harvest
still rustle through the ear -
the birds' paradise. . .

The bright beams
and the dark shadows
run through Slavonia.

Svijetle zrake
i tamne sjene
jure Slavonijom.

Gusta magla
gmiže pustarom. . .
Gle, čujem đeram!

The thick fog
crawls along the flat plain. . .
Sweep of a draw-well!

Line of mulberries.
A decorated gift from Our
Lady of the Snow!

Dudov drvored.
Okićen poklonak
Snježne Gospe!

Dimi se »fiš«.
Uz šator lubeničara
laje garov.

The stewed fish smokes.
By the melon-seller's tent
a black dog is barking.

Haibun: KONJI (za p. Josipa Pupačića)

Prostrana stepa. Daleko, tamo prema rijeci - konji kruže livadom. Čas se propnu pa njisnu, čas njisnu pa propnu, dižu i spuštaju im se grive. . . Potrče, zakasaju pa njisnu pa zabace grivu. . . pa galopiraju pa stanu i njisnu. . . U svakom plavo nebo i trava, krila - krv ravnice. . . bezbrižnost. Dobro jutro, svojim grivama pozdravljaju konji. . . Pegaz ih čuva!

Njisak preko
rijeke - zanjihao
šuštavu travu.

Hod, kas, galop. . . pa kas, hod. . .
Dobro jutro, svojim grivama pozdravljaju konji!
Dobro jutro, otpozdravljam. . . dobro jutro u vjetru. . . vodi. . . šašu.

Predah pod murvom
dok igraju se konji
i lete ptice. . .

Glasovi im tiho škripe
nestajuć u meni. . .

Haibun: THE HORSES (for the decased Josip Pupačić)

A wide steppe. Far away, there by the river - the horses are turning round on the meadow. Now they rear on their hind legs and than whinne, now they whinne and after that rear, their manes rise and fall. . . They start to run and than to canter, they whinne and they throw back their manes. . . than they start to gallop, than they cease to and they whinne. . . In each one of them - the blue sky and the grass, the wings - blood of the plain. . . the light-heartedness. »Good morning«, the horses greet with their manes. . . Pegasus is watching over them!

The whinnying across
the river - brought in full swing
the rustling grasses.

The walk, the canter, the gallop. . . than the canter, the walk. . .
»Good morning«, the horses greet with their manes!
»Good morning«, I return the greeting. . . »Good morning« in the wind. . . in the water. . . in the reed.

A break under a mulberry-tree
while the horses are playing
and the birds are flying. . .

Their voices silently creak
and disappear in me. . .

Jesenska kiša.
Kaplje rđa, pod oluk
gugutkin.

The Autumn rain.
The rust is dripping under
a turtle-dove's gutter.

Farmer waters the cattle.
A cow laps up the botton
of an old bucket.

Paor napaja blago.
Krava poskrala dno
stare vedrice.

Već treći put
budi me pijevac
a još je mrak.

For the third time
the rooster wakes me up
and it is still dark.

Setting of the Sun:
Srijem sinks into the corn
- gee-ho! . . . gee-ho! . . .

Zalazak Sunca:
Srijem tone u žito
- đija. . . đija. . .

Ognjilo sunca. . .
Putanjama zvijezda
jurnuše konji!

Fire of the Sun. . .
Along the orbits of stars
horses are galloping!

GORICE / THE HILLOCKS

If you stop on your journey
let the Zagorian vine-huts
to bring you their shade!

Staneš li na putu
zagorske klijeti
nek ti prave hlad!

U bljesku motike
rosa vinograda
i zvuk kamenčića.

In flash of the hoe
the dew of a vineyard
and the pebbles' sound.

The sparrow's eggs
in an old vine-stock. . .
The morning clouds.

Vrapčja jaja
u starom trsu. . .
Jutarnji oblaci.

Zelenilo vinograda
kroz grane kruške -
prozor u svijet.

Greenness of the vineyard
through the pear-tree's boughs -
window into the world.

Under a vine-stock
on the bindweeds' trumpets
a nameless bug are jumping. . .

Pod trsom
na trubicama slaka
skaču ritonošci. . .

Loza plače
u rano proljeće. . .
Rezač vinograda.

In the early Spring
the vine plants are crying. . .
The wine-grower's shears.

The vineyard's
peach is creaking
calling the snow.

Škripi
vinogradska breskva
zovući snijeg.

Miris izabele. . .
Zađeš li u šumu - lišće
ti prekriva trag.

Scent of the muscat. . .
If you enter the forest-the leaves
cover your traces.

First days of the Spring
- the wine that hits you
right into the head.

Prvi dani proljeća
- vino koje udara
u glavu.

Obad na leđima
za košnje vinograda. . .
Treba mahati repom!

A gad-fly on my back
during the vineyard-mowing. . .
It needs a wag of tail!

Vineyard before vintage.
In front of vine-huts the shouts
on the flock of thaw. . .

Vinograd pred berbu.
Pred klijetima vika
na jato jugovine. . .

Crveno vino.
S osmijehom na licu
drijema prijatelj.

The red wine.
A friend is napping with a
laughter on his face.

The late Autumn.
The vineyard is full of
St. Claus's birches!

Kasna jesen.
Vinograd pun šiba
za sv. Nikolu!

Kratak jesenski dan.
U tami podruma
brbuće mošt.

A short Autumn day.
In the dark of wine-cellar
the must is gobbling.

The Autumn rain
washes away the vintage song
from the vineyard. . .

Jesenska kiša
ispire pjesmu berbe
iz vinograda. . .

Kišom zaglađujem
kosu; kako je topla
kako tiha. . .

I slick down my hair
with the rain; how warm she is
and how silent. . .

An old peach-tree
bended in the vineyard.
Gathering the grapes?!

Stara breskva
sagnuta u vinogradu.
Bere li to grožđe?!

Toplina noći.
Iz pehara na stolu
pijem mjesečinu.

Heat of the night.
I'm drinking the moonlight from
a jug on the table.

Bunch of grapes in the hand.
A freckled little boy with
his rounded cheeks.

Grozd u ruci.
Pirgavi dječačić
zaobljenih obraza.

Kuhano vino.
Prijatelji ponavljaju
kako je topla noć!

The mulled wine.
Friends keep saying how
warm is the night!

Sretan ti put Bashô, uskom stazom k dalekom sjeveru. . .

Farewell Bashô, and have a good trip on the Narrow road to the far Nort. . .

WAKA

Krenu na put
bez ikakva tereta. . .
u jesen.
Vjetar mu na ramenima
mjesečev trak na rukavu.

Set off for a journey
with no luggage at all. . .
in the Autumn.
The wind upon his shoulders
the moonbeam on his sleeve.

Jesenski propuh
zalupio vratima. . .
Ti si otišao.
Htjedoh čuti što li
šušti voćnjak kroz okno.

The Autumn draught
slammed the doors. . .
You went away.
I wanted to hear what does
the orchard rustles through the window.

Poljubac svjetlosti
i tamne zemlje
na istoku. . .
Nebo u valu rijeke
koja se predaje moru.

A kiss of light
and the dark ground
on the East. . .
The sky in a river's wave
which gives herself to the sea.

Uska staza
zarasla suhom travom.
Pun mjesec.
Bože, javlja li se tu
zorom - kukavica?!

The narrow road
overgrown with withered grass.
The Full Moon.
Oh God, does the cuckoo
cry here in the dawn?!

Dim iz šalice vrućeg čaja klizi uz dim svijeće. Huk sove odlutao iza sjevernih brda.	The smoke from a cup of the hot tea glides along by the candle's smoke. The moan of an owl straggled behind the northern hills.
Na planinskom boru - prvi se snijeg otopio, kaplje. . . Žalim jučerašnji vjetar jer bio je mlak.	On the mountain pine - the first snow melted away, dripping. . . I feel sorry for the yesterday's wind because it was too tepid. . .
Današnja oluja čini se. . . vjetrić - no to je oluja! Kako li je moralo biti hladno za potresa?!	The today's storm seems to me. . . a breeze - yet it's still a storm! How cold must have been during the earthquake?!
Slavuj i kos gavran kasne jeseni let kukavice. . . Tvoj čujem - skok žabe i ponor cikada. . .	Blackbird and nightingale raven of the late Autumn flight of a cuckoo. . . Yours I hear - a frog's jump and the abyss of cicadas. . .
Svoj tražeći put kroz pjesmu vjetra. . . No, traži, traži. . . Makovi kroz pšenicu u valu koji nosi!	Searching for my own path through the song of wind. . . Well, keep on searching. . . The poppies through the wheat in an carrying wave!
Kovitla dah ranog proljeća - Budi se Bashoov san!	The early Spring's breath is swirling - Bashô's dream is waking up!

Haibun: TRAVANJ 1987.

Kao sitna kiša, kao voda, ti si tu kad se s proljećem zemlja obogati živim potocima i ljubice zamirišu u kosama livada. . . Sitna kiša, kao voda ti si ozelenio, razbistrio, osjajio šumu. . . Mlado lišće, kao voda, kao sitna kiša pjeva u perju kosova dok se gnijezde u oblacima. . .

Kao sitna kiša, glas si kukavice tek pristigle s juga u letu prema Suncu. . .

Kao suza, kao voda, ti si tu na polju da siješ zrnje i opet ćeš doći kao sitna kiša, slušati žita dok će se razlijevati tvojim njedrima.

Kao mnogo vode doći ćeš ljeti brati pšenicu -

da ljubiš, kao mnogo vode, kao pljusak.

Pastirska svirka. . .
Pan, stari jarac
napasa koze.

Haibun: OVAN

Zarudjelo jutro. Nakon neprospavane kiše samo se jedna zvijezda otkinula nebu i sad čeka da se pomoli sunce tamo iza pitomih obronaka brda pa da tiho umine u dan ko jasna iskra - svjetla rose, pitaj Boga do kojeg zakutka zemlje. . . Ispod krila šume proljeće sedla pleća pašnjaka i jezdi u dan znaka ovna. Nada mnom, ptica se gnijezdi!

Preko granice. . .
za šljivu nema granica.
Bijeli cvjetovi.

Haibun: APRIL 1987

Just like a drizzle rain, like the water, you are here when in the Spring the ground becomes reach of the living brooks and when the violets spread their pleasant smell in the hairs of the meadows. . . The drizzle rain, you turned to green like the water, you became transparent and you glittered the forest. . . The young leaves, like the water, like the drizzle rain, are singing in the blackbird's feathers while they're nesting in the clouds. . .
Like the drizzle rain, you are the voice of a cuckoo that has just arrived from the South in her flight toward the Sun. . .
Like a tear, like the water, you are here on the field to sow the grains and you'll come again just like a drizzle rain to listen to the corns while they'll be overflowing your breast.
Like the great water you'll come in the Summer to gather the wheat - to kiss, like the great water, like the shower.

The shepherd's music. . .
Pan, the old billy-goat
is grazing the sheep.

Haibun: THE RAM

The morning blushed. After the non-sleeping through the rain, only one star detached from the sky, now waiting for the Sun to appear there behind the gentle hill-sides and to silently sink into the day like an bright spark - the lights of dew, who knows as far up to which nook of the ground. . . Beneath the wings of the forest, the Spring saddles the shoulders of the grassland and glides into a Day of the Ram.
Above me, a bird is nesting!

Across the boundary. . .
there are no frontiers for the plum-tree.
The white flowers.

CARSTVO TRAVE / EMPIRE OF THE GRASS

Oblaci pasu
livadno cvijeće. . .
Jastreb samotnjak.

Clouds are grazing
flowers of a meadow. . .
A lonesome hawk.

A cricket in the grass;
today, our heart
is matchless!

Cvrčak u travi;
danas, našem srcu
nema ravnih!

Rosa. . .
Jutro oštri kose
od brijega do brijega.

The dew. . .
Morning sharpens the sickles
from hill to hill.

The grass is blooming!
My neighbour sneezes thrice
and than again. . .

Cvate trava!
Sudjed kihne triput
a onda opet. . .

U istoj postelji
buba mara i ja.
Plast sijena.

In the same couch
a ladybug and myself.
The hayrick.

Plač djeteta. . .
Jutranja rosa
na mladoj koprivi.

Crying of a child. . .
The morning dew on the young
stinging - nettle.

The blue chicory rows. . .
Wrinkling of the sky
upon the green sea.

Vesla plava vodopija. . .
Na zelenom moru
mreškanje neba.

Divlji ječam
izgubljen livadom
pronašao cvrčka!

The barley
lost across the meadow
found a cricket!

Six mowers
six swings at once, six
o clock in the morning. . .

Šest kosaca
šest zamaha odjednom
šest sati. . .

Njiskom prolomljen vidik
- vlažan vjetar
ziba trave.

View ruptured
by the whinnying-humid wind
dandles the grasses.

Oh grassland, here's
to you some water on my palm. . .
What a broiling heat!

Pašnjače
evo ti vode na dlanu. . .
Koja vrućina!

Mutni april.
Trava se raduje
pokisloj zemlji.

Turbid April.
The grass is rejoiced by
the drenched ground.

»The blossomed ferm«
strews its powder all over
the grass around hawthorne.

Procvala paprat
praškom posipa travu
glogove živice.

Zlatna mara
osluškuje nebo, a
nebo u travi. . .

Golden ladyburg
harkens the sky, and what about
the sky in the grass. . .

The last swath. . .
The praying mantis' jaws
scrape off the dew.

Zadnji otkos. . .
Čeljusti bogomoljke
stružu rosu.

Haibun: LISTOPAD 1988. (I. Bergmanu)

Prva i posljednja pjesma - posljednja i prva. . .
Mjesec i dalje trepti a zvijezde na tankim nitima neba nevidljivim i nečujnim, prolijevaju truske samoće. . .
Na njedrima noći, sravnjen sa zemljom, ko dijete na grudi majke prislonjen šapćem. . .
Tepa mi jesen - tepa i daruje.
Puna usta zlata, pune oči srebra, dragulji u ušima, tamjan u nosu. . . Gledaj, možda i ti ranjen oštricom Mladog Mjeseca projezdiš kroz jesen kasom divljeg vjetra. . .
Gledaj! Slušaj! Možda i ti za nekog drugog Mjeseca i za nekih drugih zvijezda i vjetrova u boji još živućeg i već mrtvog lišća svratiš u samoću pjesme jeseni. . .

Šarenilo šume
proteže prste k nebu. . .
Jesenska sonata.

Haibun: OCTOBER 1988 (for I. Bergman)

The first and last song - the last and first one. . .
The Moon keeps flickering and the stars, hanged by the thin invisible and inaudible threads of the sky, keep pouring out the sprinkles of the solitude. . .
On the breast of the night, levelled to the ground just like a child leant against his mother's bust I am whispering. . .
The Autumn babbles to me - babbles and presents its gifts to me. The mouth full of gold, the eyes full of silver, jewells in the ears, incense in the nose. . . Keep looking, maybe even you, wounded by the blade of the New Moon, are going to glide through the Autumn in a wild wind's canter. . .
Look! Listen! Parhaps even you, in some other moontime and behind some other stars and coloured winds of the still alive and the already dead leaves, are going to drop into the solitude of the Autumn's song. . .

Motley of a forest
stretches its fingers to the sky. . .
Autumn sonata.

ZVONICI / THE BELL-TOWERS

Prosjak pred crkvom.
Među sitnišem
ruža. . .

A beggar near the church.
Amidst the coins -
a rose. . .

The churc-tower.
Brightly tolls off the noon
to the Spring rain.

Crkveni toranj.
Vedro odzvanja podne
proljetnoj kiši.

Pod raspelom
zavjetne svijećice
raspiruju djeca. . .

Under a cross
the children stir up
the votive-candles. . .

The midday-bell.
This very same dew was
the frost in the morning!

Podnevno zvono.
Ta ista rosa
jutros je bila mraz!

Usamljena kapela.
Pomolih se
na zimskom putu.

A lonesome chapel.
I said a prayer on my
Winter journey.

Zvonik i jablanove
oblijeću vrane
na prvom letu. . .

On their first flight
the crows are flying round
the belfry and the poplars. . .

In the dark of sky
the dream of the church-tower. . .
Murmur of the brook.

U tami neba
san crkvenog tornja. . .
Žubor potoka.

Zapuštena crkva.
Starački lik
zijeva u nebo.

The abandoned church.
An old man's figure
yawns into the sky.

Blessing of the house.
Father hiccuped in his prayer. . .
The wine is good!

Blagoslov kuće.
Moleći, otac je štucnuo. . .
Vino je dobro!

Srk juhe:
Sjećanje na staricu Maru
iz mrtve daljine.

One sip of the soup:
Memory to Magdalen and Maud
from a dead distance. . .

DALJINE. . . / THE DISTANCES. . .

The sea foam. . .
Venus is swimming by
a distant cliff.

Morska pjena. . .
Kupa se Danica
kraj daleke hridi.

U mračnoj sobi
gubi se kreket žaba. . .
Večernja molitva.

In a dark room
the freg's croak is getting lost. . .
The evening prayer.

With a hollow scream
the owls call each other -
looks like the snow will fall.

Šupljim krikom
dohukuju se sove -
kao da će snijeg.

Zimski muk. . .
Kako su tihe ptice
u ranu zoru.

The Winter hush. . .
How silent the birds are
in the early dawn.

Far away. . . far away
even more far than the Autumn
the snow is scenting.

Daleko. . . daleko
još dalje od jeseni
miriše snijeg.

ŠAPAT MORA / WHISPER OF THE SEA

U ljusku školjke
ne stane noć. . .
Bijeli sedef.

The night doesn't seat
into a shell's husk. . .
White mother-of-pearl.

By the sea
the man. . . the sea. . .
the high tide. . . the ebb.

Kraj mora
čovjek. . . more. . .
plima. . . oseka.

Slane hridi;
u zaostalim valima
ključa more.

The saltish cliffs;
in the waves that lagged behind
the sea is boiling.

On the portal
the swalows are craping
the winged lion.

Na portalu
krilatog lava
pokakale lastavice.

Pjesma iz konobe.
Jednolik hod valova -
ravnodušnost pučine. . .

Song from cellar.
A steady walk of the waves
indifference of the offing. . .

The sun and the wind
lick up the salt from the roofs.
Tight lane. . .

Sunce i vjetar
ližu sol s krovova. . .
Tijesna je ulica.

Zimska bura.
Suši se pršut
na slanoj smokvi.

Winter tempest.
The smoked ham is drying
on a salt fig-tree.

Toward the shore
a wave rolls just a bit
onto the offing.

Val prema obali
zakoluta malko
prema pučini.

Oblak nad morem
sam nasred neba
raspline u dva. . .

A cloud above the sea
alone in midst of the sky
breaks in two. . .

All in the sky
all in the sea. . .
the islet.

Sav u nebu
sav u moru. . .
otočić.

Šapat mora.
Valići izbacuju krljušt
po nogama. . .

Whisper of the sea.
The wavelets are throwing out
the scales on the legs. . .

If I am the sea
I would be a wave to. . .
A gaze at the dusk.

Da sam more
i ja bih bio val. . .
Pogled u suton.

S mora
puno ptica nosiš
u očima.

Lots of birds
you bring in your eyes
from the sea.

Old olive-tree. . .
The abode for many of
living and lifeless.

Kome li sve
nije ognjištem, ta
stara maslina?!

Ljeto: masline -
gorke su, more im huči
u žilama.

Summer: the olives -
they're bitter - the sea roars
in their roots.

MASLINA

Pobjegla kamenjarom, izbodena oštrim trnjem makije u propinjanju mora i čekanju brodova - stara maslina. Ti loviš buru i škripiš u guštari bijelog otoka. . . Skitnja ti je razbacana dubinom i visinom modrine, zanjihana uspavankom Mjeseca zeleno si nebo što smije se mornarima. . . Komadić zemlje i suze borova jedini su ti prijatelj dok rasteš u junaštvu bitke s vjetrovima. Voljena od izvora mora, tihom šutnjom plač pretačeš. . . Dok kiši i kad nisi više sama, kad ti dolaze dječaci i težaci tada se smiješ. Smiješ se stoljetnom ranom u kojoj ti stanuje cvrčak i pjeva ti, pjeva, dok ulje rađaš. . .

Stari težak;
kušajuć' maslinku
steže jedini zub.

STARICA. . . OTOK. . .

Ponistra širom otvorena zijeva pred opustjelim morem nemušto zovući daljinu zgusnutog maestrala što pirka utiskujući sol u cjedine na crkvi. . . A nebo se plavi a more se modri, čas ružmarin, čas ulje, sol, riba i vino praminjaju pozdravljeni samotnim krikom galeba, raspršenim na onom istom mjestu gdje crni rubac već vjekovima pozdravlja brodove. . . Bijeli brodovi i crne marame - galeb i maestral u zatomljenom kriku plavog kola bolne vrteške.

Nad brodom
raspršena resa dima. . .
u suzi s oka. . .

THE OLIVE-TREE

Runned away along the rocky ground, pricked all over by the cutting thorns of the macchia, in rearing of the sea and while waiting for the ships - an old olive-tree. You hunt the gale wind and you creak in the thicket of the white island. . . The vegrancy is scattered in your depth and in the height of the azureness, dandled by the lullaby of the Moon you are the green sky that smiles to the sailors. . . A little piece of ground and the pine-trees' tears are your only friends while you keep growing in the bravery of the strife with the winds. Cherished by the sea-wells, you decant the crying in your quiet silence. . . While it rains and when you're not alone anymore, when the boys and the labourers come to you, than you're smiling. You're smiling with your centuries-old wound in which the cricket is living and singing to you, singing while you are giving birth to the oil. . .

An old farm hand;
while he tastes the olive
he tightens his only tooth.

AN OLD WOMAN. . . THE ISLAND. . .

The wide opened window yawns in front of the deserted sea, inarticulately calling the distance of the thickened landward breeze that blows gently impressing the salt into the cracks on the church. . . And the sky is blue, and the sea is azure, now the rosemary, now the oil, the salt, the cheese, the fish and the wine lapse by greeted with a lonesome scream of the seagull, dispersed in that very same place where the black kerchief greets the ships now for many centuries. . . White ships and black kerchiefs - the seagull and the landward breeze in a suppressed scream of the aching carrousel's blue wheel.

Above the ship
a dispersed fringe of smoke. . .
in a tear from eye. . .

Lavanda. . .
Dok siše, jarić
maše repićem.

The lavender. . .
While he suckles, the kiddy
waves with the tail.

The Summer night.
A distant lighthouse
plays to be the sky.

Ljetna noć.
Udaljeni svjetionik
igra se neba.

Mnogo prije ušća
Krka je slana
na kažiprstu.

Much before her estuary
river Krka is saltish
on my forefinger.

The fog. . .
In a sea cove - Mount Velebit
polishes the stone.

Magla.
U morskoj uvali - Velebit
lašti kamen.

Val je razbio
nacrtano srce
u mulju.

A wave broke
the drawn heart
in the silt.

SUDBINE / THE DESTINIES

The nort wind
throws around the fishermen's lights
The storm of life. . .

Ribarska svjetla
razbacuje bura.
Oluja života. . .

Uvelo cvijeće
nek ostane u vrtu. . .
da čujem kišu.

Let the withered flowers
stay in the garden. . . so that
I can hear the raim!

They cut down
the old chestnut-tree. . .
So that he don't die.

Prosjekli su
stari kesten. . .
da ne umre.

Kuca stari sat.
U kutu sobe, pauk
proždire muhu.

The old clock is ticking.
In the room's nook, the spider
devours the fly.

Gu gu u ku. . .
Even when nobody answers -
gu gu u ku, gu gu u ku. . .

Gu gu u ku. . .
I kad se nitko ne javlja -
gu gu u ku, gu gu u ku. . .

Studen. . .
Svinjska krv topi
kristale mraza.

The chill. . .
The pig's blood melts away
the crystals of frost.

In the grove
the Sun is setting silently
through a cherry-tree. . .

U šumarku
tiho zalazi Sunce
kroz divlju trešnju. . .

Nemirna brodica.
Maestral ljulja
ljuske krumpira.

A restless lighter.
The landward breeze dandles
the potatoes' jackets.

In haste to the mass -
a lost rosary
in the slush.

Žureći na misu -
izgubljena krunica
u bljuzgavici.

Veselo
se ispovijedila
sićušna žena.

A tiny woman
confessed herself
so cheerfully.

That gentle Winter
washes the legs of the souther
in the garden.

Južnom vjetru
ta blaga zima pere
noge u vrtu.

Gavrani sjedaju
na kamene međaše -
Čekajuć, čekajuć. . .

Ravens are sitting
on the boundary-stones -
waiting, waiting. . .

In the child's room
a pawless plush bear watches
the tiger's teeth.

U dječjoj sobi
medvjedić bez šape
gleda zube tigra.

Svanuće. . .
U jutarnjim gnijezdima
ugađaju klavire.

The dawning. . .
They're tuning the pianos
in the morning nests.

While he forges or rests
the face of the copper-smith
is coppery.

Dok kuje il' miruje
bakrenasto je lice
kazandžije.

U tramvaju
drijemaju novine
u sjedalu za invalide.

In the tram-car
the newspapers doze on
the invalid's seat.

The Autumn field;
the cardboard window gapes
from the ragman's hut. . .

Jesensko polje;
Iz kolibe prnjara
zuri kartonski prozor. . .

Topi se snijeg.
Proklijalom krumpiru
više nije hladno.

The snow melts away.
It isn't cold anymore
to the sprouted potato.

The garden party.
Even a lame girl is dancing
in the reel.

Vrtna zabava.
U kolu pleše i
hroma djevojka.

Noćni pljusak.
Na svjetlo u sobi
opržen leptir.

The night shower.
A scorched butterfly on
the light in the room.

MOČVARA / THE SWAMP

Murmur of the wave. . .
In the reed, the heron's voice
is my silent cry.

Žamor vala. . .
U trsci, glas je čaplje
moj tihi plač.

Žubor potoka
odnosi vrbu
duboko u suton.

Purl of the brook
takes away the willow
deep in the dusk.

Floats alone on the edge
of lake - the lotus
amidst the canes. . .

Pluta sam
rubom jezera - lopoč
među trskama.

Žablji pir
proljetne noći. . .
Svjetlucanje.

The frog's wedding
in the Spring night. . .
The glittering.

In a puddle, the sky swims:
it seats all in the wind
on the water.

U mlaci, kupa se nebo:
svo stane u vjetar
na vodi.

Haibun: STUDENI 1986.

Nebeska se koprena sivi nad jezerom.
Tako je daleko zov jesenskog vjetra da još samo svirka kroz šuplju trsku, ponavlja: Hu cu, hu cu, hu cu, hu. . . cu. . .
Ljuska skakavca nepomočno polegnuta kraj izbljuzgane oštrike nijema je i potamnila. Samo u sjećanju neznatni pomak. . .
Nema zelenila, nema zvukova i nema jezera. . .

U rijetkoj magli
raščupana vrba
potonula u mulj.

Haibun: NOVEMBER 1986.

A heavenly veil ashes itself above the lake.
The call of the Autumn wind is so very distant that it can be heard only as a tender music whistling through the hollow cane, repeating its »hoo tsoo, hoo tsoo, hoo tsoo, hoo. . . tsoo. . .«
The scale of a grasshopper immovably laid down beside the slushy mapleleaf remains speechless and darkened. Only a slight shift in memory. There is no greenness, no sounds, and no lake. . .

In the thin haze
a dishevelled willow
sunken into silt.

Willow-grove is dreaming.
The river delivers
laments of the wind.

Sniva vrbik.
Rijeka raznosi
tužaljke vjetra.

Žalosna vrbo
prosjačiš li to
nabujalim potokom?!

Weeping-willow
are you asking alms
with that brook in spate?!

The willow wraps up
sprinkling the goose
sated of the snails.

Povija se vrba
škropeć gusku
situ pužića.

Cicamaca
zažutjela peludom. . .
Rominja kiša.

The catkins
became yellow of the pollen. . .
The rain drizzles.

Croak of sultriness.
The water breaths through
the frog's eggs.

Kreket sparine.
Voda diše kroz
žablja jaja.

Crnom kosom
vrbe dragaju vodu. . .
Protiče noć.

With their black hair
willows caress the water. . .
The night goes by.

On the puddle
the water-spiders are
drawing circles.

Na barici
vodeni pauci
crtaju kolobare.

U plićaku - rogoz.
Kuća žaba
voda i nebo.

In the shoal - a bull-rush.
The house of frogs
the water and the sky.

S small bug buzzes
in the »viper's grape«*
- the Spring suite.

Zuji mušica
u zvonu kozlaca
- proljetnu suitu.

Zaledile se vrbe.
Samo sredinom teče
noć na rijeci.

The willows froze up.
The night on the river runs
only trough her midst.

*Arum maculatum - Latin

NA PUTU KROZ SELO / ON A JOURNEY THROUGH THE VILLAGE

Ripe peace. . .
ripe peace, ripe peace. . .
The Autumn cricket. . .

Mir zri
Mir zri, mir zri. . .
Jesenski skakavac

Kroz nos
popih ružinu rosu. . .
Daljina u magli.

Through my nose
I drunk up the rose's dew. . .
The distance in fog.

A bowed sharpening-hammer;
in the cutting-edge of the scyte
the valley echoes. . .

Pogureni klepac;
u sječivu kose
Ječi dolina. . .

Na tronošcu
baka prebire krunicu. . .
Gugutka.

On a tripod granny's
saying the rosary. . .
The turtle-dove.

The dawning crows
upon the village window -
and than starts barking.

Kukuriče zora
na seoski prozor -
potom zalaje.

Mi na selu
reče snažna žena
jedemo težačku hranu.

We at the country
said the robust woman
eat the laborious food.

The labourers' song.
A bowl of the sour milk
and the five spoons.

Težačka pjesma.
Zdjela kiselog mlijeka
i pet žlica.

Paor u štali;
konju se jada
o lošem vremenu.

Peasent in the stable;
laments to his horse about
the poor weather.

A pin of ducks. . .
Hours from country-curch
break through the day.

Klin pataka. . .
Dan probijaju sati
seoske crkve.

Zavija cesta.
Seoski derani pjevaju
bećarac.

The road turns and bends.
The village whipsters sing
their rakish song.

In the morning frost
- the pear droops
and nobody else.

U jutanjem
mrazu - čami kruška
i nitko više.

Jesen. . .
slušam - dok me vjetar
ne odnese. . .

The Autumn. . .
I'm listening - untill the wind
takes me away. . .

Autumn in village.
Even in sadness, there are
no sad days at all.

Jesen u selu.
Nit' u tuzi, nema
tužnih dana.

Berba jabuka.
Grane poskakuju
prema nebu.

Apple-gathering.
The boughs are bounding up
toward the sky.

Above this village
the stars are most brilliant. . .
The shepherd's song.

Nad ovim su selom
najsjajnije zvijezde. . .
Pjesma pastira.

Dok sam pitao
ima li mlijeka - žena
je otresla pregaču.

While I asked her
is there any milk -the woman
shook down her apron.

Her swinging is strong. . .
The hoe would run away
if she only could!

Zamah je snažan. . .
Motika da može
pobjegla bi!

Kroz šare aviona
i zamah motike -
odlaze rode. . .

Through hues of an airplane
and the swing of the hoe -
the storks fly away. . .

The village yard.
The dam-dog gathers her doggies
by biting them.

Seosko dvorište.
Kuja skuplja psiće
tako što ih grize.

Ljetna kiša
nakon duge suše. . .
Blaga nebesa. . .

The Summer rain
after a long dryness. . .
Treasures of heaven!

PTICE PRORIČU KIŠU / BIRDS PREDICT THE RAIN

Southern rain, you failed
to fall - the north wind made
the snow from you!

Nisi dospjela pasti
južna kišo - bura
te učini snijegom!

Šuštanje kiše. . .
U mraku sobe - leptir
udara o zid.

Rustling of the rain. . .
In dark of the room - a butterfly
keeps hitting the wall.

The gloomy clouds
so desparate
and yet, the sparrow!

Tmurni oblaci. . .
tako beznadno
no ipak, vrapčić!

Jesenska večer.
Kiša razgovara
sa samom sobom.

Autumn evening.
The rain is talking
with herself.

It rains. . .
On wind in midst of pine-trees
please do say something!

Kiši. . .
Reci nešto vjetre
među borovima!

Blatni su puti
a opet će kiša -
pjevaju ptice. . .

The paths are muddy
and it'll rain again -
the birds are singing. . .

The Spring rain:
the lid is hopping
over boiling beans.

Proljetna kiša:
poskakuje poklopac
zakipjelog graha.

Bit će oluje -
otac mrmlja na zglobove.
Pjesma ševe.

The storm will come -
father grumbles to his joints.
Song of the lark.

It rains. . .
You' re missing my friend
now for thousand years.

Kiši. . .
Nema te prijatelju
tisuću godina.

Poslije kiše
Sunce se suši
za sivkastim oblačkom.

After the rain
the Sun dries up behind
a greyish cloudlet.

Haibun: PROSINAC 1987.

Prema dalekom selu vuku se kola, teška, drvena. Par volova tromo zabacuje gubice slineć u tragove za sobom koji se dime u zamućenoj vodi i blatu. Šešir pun paučine nakrivljen, sudara gustiš kraj puta, s koga curi jučerašnja kiša po trošnom i masnom kaputu i kapi samo klize niz masni obod gubeći se u slini i kalu. U daljini iz tame, koji put zasvira sjekira i lijeno zacvili promukli lavež. . . Skloništa ptica napadno prazna šaraju siva nebesa u čudu se zibajući u krošnjama kojima ne znam imena. Ispred volova, crn ubojit oblak isplažen zahuktava se kao da će puči i provaliti bogove. Bezimeni volovi i bezimena stabla plaze do sela. Tko zna kada će stići?! Vrijeme je sumraka, ne vidi se nit' čuje bič. . . Vuku se poput bolesti posljednji dani jedne jeseni. . .

Na putu
promatra naprtnjača
napuštena gnijezda. . .

Haibun: DECEMBER 1987

Toward the distant village the wagon is draggling, heavy and wooden. The two oxen are throwing back their muzzles, slobbering upon the traces left behind them that are smoking in the thick water and in the mud. A cocked hat full of the cobweb crashes into the thicket by the road, from which the yesterday's rain oozes down upon the worn out and greasy coat, and the drops just glide along the greasy brim and loose themselve in the slobber and in the sludge. In the distance, out of the darkness a few times the axe starts to play and the raucous barking slothfully beggins to squeak. . . The garishly emptied shelters of the birds are scratching along the grey sky, oddly swinging in the tops of the unknown trees. Ahead of the oxen, a deadly-black cloud is getting into full swing and creeps out, as it is going to burst and suddenly erupt the Gods. The nameless oxen and the nameless trees crawl to the village. Who knows when they'll arrive?! It is the dusk time, the horse-whip can not be seen or heard. . . The last days of one Autumn trudge along like a disease. . .

On a journey
the knapsack is watching
the abandoned nests. . .

CVIJEĆE / THE FLOWERS

Miris jorgovana;
taj kradljivac sna
u igri s vjetrom.

The scent of lilac;
that dream-stealer
in pley with the wind.

The Spring.
Every day another bud listens
to the nightingale.

Proljeće.
Svaki dan drugi pupoljak
sluša slavuja.

Na vjetru. . . kiši
na suncu. . . mjesečini. . .
Božur.

In the wind. . . the rain
in the sun. . . the moonlight. . .
The peony.

On Winter Sun
please warm up the bulb
od the iris. . .

Zubato sunce
ogrij gomolj
perunike. . .

CVJETNICA

Svratio bih do brata
dok cvatu forzicije. . .
Ja nemam brata!

THE PALM SUNDAY

I would visit my brother
while the forsythias are in bloom...
I' dont have a brother!

A heather in fog.
The bluish shine
of a day gone by. . .

Vrijesak u magli.
Plavičast sjaj dana
što trne. . .

Peruniko
peruniko - samo me malo
ima pod nebom!

Iris, oh
iris - beneath this sky
I'm se small!

She Spring wind.
What was I about to tell you -
The peony scattered!

Proljetni vjetar.
Što ti ono htjedoh reći -
Rasprši se božur.

Ožujak divlji drug;
da li to vjetar budi
grančice breskve?!

The March - a wild friend;
is this the wind awakening
the blooms of the peach?!

The Palm Sunday.
An olive-tree's branchlet
trampled at the dusk. . .

Cvjetna nedjelja.
U sumrak zgažena
maslinova grančica. . .

Početak proljeća.
Pa makar svijet propadne
- žuti jaglac. . .

Beginning of Spring.
Even if the world falls apart
- a yellow primrose. . .

A garden-dwarf
waters the flowers.
A clayish laughter.

Vrtni patuljak
zalijeva cvijeće.
Glineni osmijeh.

Sadeći gladiole. . .
Sve su uspomene
pomalo tužne.

Planting the gladiolus. . .
all the memories are
a bit sad.

Under the chill
tempest - a primrose
buried in the ground.

Na hladnoj buri
jaglac ukopan
u zemlju.

Belagonija
u smiješnoj kućici -
limenka graška!

The geranium
in a funny house -
a tin of beans!

Flowers of the Spring.
Who is that girl
all dressed in tears?!

Proljetno cvijeće.
Tko je ta djevojka
sva u suzama?!

Jugo u šljiviku.
Ako se ne vratim - bjelinom
zameten trag. . .

Souther in plum-orchard.
If I don't return - a trace
covered with whiteness. . .

While lauding her
the girl became blushed. . .
The rose bud.

Hvaleći ju
djevojka je porumenjela. . .
Ružin pupoljak.

Ružin pupoljak.
Jedna preko druge, uši
mirišu ljeto.

The rose's bud.
One across another, the lice
breathe in the Summer.

God forgives
every day. . . The first
snowdrops.

Bog prašta
svaki dan . . .
Prve proljetnice.

Silazi niz brežuljak
s drvećem u cvatu
crni pas.

Going down the hill
with the blossomed trees
a black dog.

The flower-bed.
The first bumble-bee
rauocously buzzes. . .

Cvjetna gredica.
Prvi bumbar
promuklo zuji. . .

Ispod lipe
pun djetinje radosti
neki čiča. . .

Beneath a linden
an old man full of
childlike joy. . .

In a fissure
of the castle - a locust blossom. . .
What a tepid rain!

U pukotini
tvrđave - cvat bagrema. . .
Koja vruća kiša!

Cvjetna nedjelja.
Moja vjera puna sumnje -
O Bože!

The Palm Sunday.
My faith full of doubt -
Oh God!

LJETO - JESEN 1990.

Daleki zaljev. . .
Daleka nepoznata zemlja. . .
Daleka molitva s minareta, prostreljana nebom pijeska pustinje. . .
Daleki nepoznati prosjak pred vijećnicom grada tisuću i jedne neprospavane noći. . .
Daleka datulja u ruci bosonoge djevojčice. . .
Daleka jalova polja bez ijedne brazde -
daleki šum žita u korici kruha. . .

Procvali pelin.
Kroz zrak struji gorčina
bezumnog rata.

SUMMER - AUTUMN 1990

A distant day. . .
The far and unknown land. . .
A distant prayer from a minaret, riddled with the sky of the desert's sand. . .
The far and unknown beggar in front of the townhall from the city of 1001 unsleepen nights. . .
A distant date in the hand of an barefoot little girl. . .
The far and unfertile fields without any furrows - a distant murmur of the corn in a crust of bread. . .

The blossomed wormwood.
Gall of the manic war
flows through the air.

HVALA VAM STARI MAJSTORI / THANK YOU OLD MASTERS

Busonu

Moj dar je malen:
Paleta boja u vrtu -
zvuk motike. . .
Zraci ugasle zvijezde
čitajuć' drage pjesme. . .

To Buson

My gift is small:
palette of colours in the garden -
sound of the hoe. . .
Rays of an turned out star
while reading the dear poems. . .

Shikiu

»Šaran zastave«
tvoje rane jeseni. . .
Proljetni vjetar
diže lišće k nebu
u igri s dječacima. . .

To Shiki

»The carp of the flag«
of your early Autumn. . .
The Spring wind lifts
the leaves toward the sky
in a play with the boys. . .

Issi

Buhe s mog psa
skaču po meni - kratko,
pa se vraćaju!

To Issa

The fleas from my dog
jump all over me - for a while,
and than they return!

Ryokanu

Kroz put Mjeseca
prošla je svečana noć
nestali oblaci. . .
Mora da se raduje tvoja
zdjelica za prosjačenje.

To Ryôkan

Through the Moon's orbit
the solemn night passed by
the clouds vanished. . .
Your beggar's little bowl
surely must be joyful.

Onitsuri

Nova Godina.
Nečiji korak odzvanja
ulicom. . .
Zvono tuče - jednom
kroz mnoge vjetrove.

To Onitsura

The New Year.
Someone's footfalls echo
on the street. . .
The hail-bell - just once
through so many winds.

Kjorakuu

Sunce zalazi
u polje kukuruza
crveno - žuto. . .
Pusti nek' se misli
raspasu u prošlost!

To Kyoraku

The Sun sets down
into the fields of corn
red - yellow. . .
Let the thoughts
gloat over the Past!

Etsujinu

Prvi je snijeg
okupao jesenski vjetar.
Planinski bor. . .
Sad nemam snage da ne
postanem netko drugi.

To Etsujin

The first snow had
bathed the Autumn wind.
A mountain pine. . .
I have no strength now to not
become someone else.

Kikakuu

Svakog se jutra
javlja - klikće da je proljeće
taj gnjetao. . .

To Kikaku

Calls every morning
exults that the Spring is here -
that pheasant. . .

Chijo-ni

Pod raspelom
treperi svjetlo svijeće. . .
Proljetni vjetar.
Negdje blizu sjedi i Jizô
čekajuć' uplakano dijete. . .

To Chio-ni

Under the holly cross
the candlelight is twinkling. . .
The Spring wind.
Jizô is sitting close to him
waiting for the tearful child. . .

Josou

Žuna je pronašla
svoje staro drvo. . .
Proljetni vjetar.
Stara koliba; samo ona
i ja nikog nismo našli.

To Jôso

The woodpecker
found its old tree. . .
The Spring wind.
An old hut; only herself
and me found no one at all.

Taigi-u

Prva ljubav. . .
Ples bez stiska uz
svjetlo Disca.
Na tebi, moje oči.
Na meni tvoje crvenilo.

To Taigi

The first love. . .
A squeezeless dance under
the lights of dyscotheque.
Upon you, my eyes.
Upom me your blush.

Kito-u

Sniježi. . .
Zimska je noć uz vino
dočekala jutro.
Kako se vuku te godine
otkako te nema. . .

To Kitô

Is snows. . .
With the wine the Winter night
welcomed the morning.
How that years trudge by
since you're gone. . .

Ryoti

Rođendan. . .
Kad odu prijatelji
- pjesma zidova.

To Ryôta

The birthday. . .
When the friends depart
- the song of walls.

Ransetsu-u

Jedan cvijet -
tisuću i bezbroj u
jednom cvijetu. . .
Vjetar koji puše kud hoće. . .
Sunce koje sja gdje hoće. . .

To Ransetsu

A single flower -
the thousand and the myriad
in that one flower. . .
The wind that blows where is wants. . .
The Sun that shines where wants to. . .

Kyorai-u

Na odru -
Veliki Majstor Bashô. . .
Zrak ne treperi. . .
U peru za blagoslov
neizmjerna tišina.

To Kyorai

Lying on the bier -
Great Master Bashô. . .
The air is so still. . .
In quill pen, as a blessing -
the immeasurable silence.

Bonchô-u

Trude se, ljupko
odagnati zaborav
- pršeće latice. . .
Noću, svjetli se put -
jako, jako daleko. . .

To Bonchô

They try so blandly
to chase away the oblivion
- the fluttering petals. . .
In the night, the pathway shines -
far away, so far away. . .

Shôhaku-u

Zimske zvijezde:
Tko bi za njih znao
da nema noći?!
Na vrtne patuljke vjetar
prislanja rumenilo.

To Shôhaku

The Winter stars:
Who would know for them if
the night hadn't fall?!
The wind presses the redness
upon the garden-dwarfs.

Sampû-u

Proljetno jutro;
i kad bih sve zapisao
bilo bi malo. . .

To Sampû

The Spring morning;
even if I write down everything
it would still be too little. . .

Bashô-u

Prošla su vremena
cvrkuta i zrenja - Zemljo
dal' si umorna?!
Duge magle prislonjene
na strniku krizantema. . .

To Bashô

The times of chirp
and ripe gone by - Oh, Ground
are you tired?!
The long fogs leaned upon
the chrysanthemums-stubbles. . .

Burna je noć -
vjetar i krupne kapi
proljetne kiše. . .
Hej, kako je dobro
kad ne ćutiš da hodaš!

The night is stormy -
the wind and the large drops
of the Spring rain. . .
Hey, how good it feels when
you can't sense that you're walking!

ANĐELI S GROBLJA / THE GRAVERYARD ANGELS

Pogrebna povorka. . .
Koliko je mrtvih u
trubi limene glazbe?!

The funeral procession. . .
How many deceased are there
in the brass band's trumpet?!

The graveyard.
A poplar ticks the midnight
on a holly cross' shadow.

Groblje.
Jablan otkucava ponoć
na sjenu križa.

Starica crnom
maramom upija suzu. . .
Pogled neba.

With a black kerchief
the old woman soaks her tear. . .
A gaze of the sky.

On the grandpa's tomb
a blind-worm and a pansy. . .
The Spring Sun.

Na djedovu grobu
sljepić i maćuhica. . .
Proljetno sunce.

Vjetrić je ugasio
svijeće na grobu. . .
Upalit će ih Mjesec!

The breeze turned off
candles on the grave. . .
The Moon will light them!

The wind. . .
An angel on the graveyard
dries up his wings.

Vjetar. . .
Anđeo na groblju
suši krila.

Prijatelju. . .
Sparina ljeta odnosi
glas ptice.

My friend. . .
The Summer heat takes away
the voice of a bird.

Blackbirds became still -
by night, I write a song for them. . .
Late Autumn.

Utihnuše kosovi -
noću, pišem im pjesmu. . .
Pozna jesen.

Trešnja
koju nitko ne bere
krvari na grob. . .

A cherry
that nobody picks up
bleeds on the tomb. . .

The ivy on
the grave-stone - hardly visible
letters. . . years. . .

Bršljan na grobnom
kamenu - jedva vidljiva
slova. . . godine. . .

MJESECU I ZVIJEZDAMA / FOR THE MOON & STARS

Jedi, domaćin će -
Nemoj da se ohladi. . .
Mjesec u oknu.

Eat, says the landlord -
Don't let the food cool down. . .
Moon in the window.

Evening lights up the stars:
The garden of onion
barely waited for that!

Večer pali zvijezde:
Jedva dočekala
gredica luka!

Tmina.
Čekam bar jednu zvijezdu
da ne budem sam. . .

The darkness.
I wait for at least one star
so I won't be alone. . .

The New Year's night.
The stars sit down so low
by the Moon.

Novogodišnja noć.
Zvijezde su nisko posjele
uz Mjesec.

Zimski Mlađak.
Laku noć, laku noć
stari ribaru!

Winter New Moon.
Good night, good night to you
old fisherman!

The Moon in the clouds.
Is he writing down the sorrow
in the heart of Autumn?!

Mjesec u oblacima.
Piše li to tugu
u srce jeseni?!

Zarobi rijeko
i drugom obalom
proljetni Mjesec!

Oh river, do capture
even with your other bank
the Spring Moon!

The New Moon. . .
While he childishly kisses the night -
the light of petals.

Mlad Mjesec. . .
Dok djetinje ljubi noć -
svjetlo latica.

Jurnite u vodu
zvijezde proljeća -
mrijesti se šaran!

Hurry into the water
you stars of the Spring -
the carps are spawning!

The Moon. . .
suitor of the stars
on the Spring sky.

Mjesec. . .
prosac zvijezda
proljetnog neba.

Mjesec
usidren u luci. . .
Ponoćni gusar.

The Moon
anchored in the port. . .
The midnight pirate.

Oh Moon, please pick up
the ice-covered linen -
mother is diseased!

Poberi Mjeseče
smrznuto rublje
majka je bolesna!

Ako me tražiš
i ja sam iza oblaka
Mjeseče!

Oh Moon, if you're
looking for me, I'm too
behind the clouds!

The New Moon:
the night falls silently
on the Winter fields. . .

Mlad Mjesec:
tiho se spušta noć
na zimska polja. . .

Danica!
Sirena u šest
ima što čuti!

The Morning Star!
The six o'clock siren
has something to hear!

Haibun: SVIBANJ 1985.

Šareni majalesi lepršaju, obješeni na mladu grančicu bukve. . . Okićen zdenac izdahuje proljetnu svježinu, a lišće prislonjeno na obraz djevojke mrmlja zajedno s vjetrom. . . S jagodica tek uhvaćeno proljetno sunce klizi u osmijeh, crvenorumen - seoski! Koliko svježine. . . igre u očima, koliko neba i pučine, koliko rose na obrvama. . . koliko. . .
Vjetar opijen zdenca i djevojke legne kraj rosopasa u sibanjski san.

Moma na zdencu;
zahvaćena voda
pljusnu joj skute.

Haibun: MAY 1985.

The mottled May pole are fluttering, hanged upon a young twig beech-tree. . .
An adorned draw-well breaths out the freshness of Spring, and the leaves leaned upon the girl's cheeks murmur jointly with the wind. . . From her cheekbones, the just caught Spring Sun slides into a laughter, so crimson - so rustic! How much freshness. . . how much of the game in her eyes, how much of the sky and of the open sea, how much of the dew on the eyebrows. . . how much. . .
The wind drunken by the draw-well and by the girl lies down next to the celandine into a May dream.

A girl on the draw-well;
a pailful of water
splashes her skirts.

»ZDENAC ŽIVOTA« / »THE WELL OF LIFE«

Tulipani posjeli
uz »Zdenac života« -
i markiranti.

By »The Well of Life«
the tulips took a seat -
and the truants.

»The Well of Life«.
The girl touches up her hair
in a small coin.

»Zdenac života«.
Djevojka popravlja kosu
u novčiću.

»Zdenac života«.
Mladića s gitarom
škrope djevojke.

»The Well of Life«.
Young man with the guitar being
sprinkled by the girls.

»The Well of Life«
The Moon is swimming in
the lights of theatre. . .

»Zdenac života«.
Mjesec pliva u svjetlima
kazališta. . .

»Zdenac života«.
Za tramvajem preko puta
lete golubovi. . .

»The Well of Life«.
Pigeons fly across the road
after the tram-car. . .

U PROLAZU / PASSING BY

A kiss of Winter.
A snowflake on the face
drops along the cheek.

Poljubac zime.
Pahuljica na licu
kane niz obraz.

Novogodišnje jutro:
prazne ulice. . .
pocrvenjele uši. . .

The New Year's morning:
the empty streets. . .
the reddened ears. . .

Underground stream!
What's hidden in that dark
where you are shining?!

Ponornice!
Što li je u tami
gdje ti svijetliš?!

Rosa na jabuci
krije sunce
da ne ishlapi.

The dew on an apple
hides away the Sun
from exhalation.

The leaves rustle
on the walnut-tree -
with the diviners' words.

Šumi lišće
na orahovu stablu -
riječima proroka.

Udubljen u novine
otac diše sporo. . .
Cvrkut ptica.

Engrossed in newspapers
father breaths slowly. . .
Warble of the birds.

The red tears
in mother's hands. . .
Currant-picking.

Crvene suze
u majčinim rukama. . .
Berba ribizla.

Jutarnja rosa:
Na bosoj nozi
umiveni pužić.

The morning dew:
On a bare foot
an washed snail.

Through the fog
the slow footfalls are
the silent fellow-traveller.

Kroz maglu
spori su koraci
nijemi suputnik.

Tiha ulica.
Pala je zvijezda
na pružnog radnika.

A guiet street.
The star fell upon
the railroad-labourer.

A chance passer-by;
is he listening to the rain or
watching the dog-rose?!

Slučajni prolaznik;
sluša li kišu ili gleda
divlju ružu?!

Zašlo je sunce. . .
Nebo još pamti
njegov sjaj.

The Sun set down. . .
The sky still remembers
its glow.

The Winter morning.
From an open window
the bed is smelling.

Jutro.
Iz otvorenog prozora
miriše postelja.

Javih se starici -
Nije me prepoznala. . .
Osmijeh tuge.

I called the old woman -
She didn't recognized me. . .
Grin of sorrow.

The passers-by. . .
Each one takes away the smile
of the first snow.

Prolaznici. . .
Svaki odnosi smiješak
prvog snijega.

Haibun: VELJAČA 1986.

Kako su plave oči u veljači. . . duge i snježne, hladne i gladne. Huk ćuka plavi se u noći veljače i praporac se plavi i brda se plave i bura se plava u plave smreke zapliće. Plave su tvoje oči u noći veljače, uspavanke majki plave su. . . duge niti draganja. Plavi se plamen u noći veljače, svjetlo brvnare drhti u studeni plavo treperećʼ. . .
I tvoje ruke su plave, kojima me miluješ, kojima me hrabriš - kojima praštaš. . .

Plavi proplanak. . .
U plavom zagrljaju
plavi putnici.

Haibun: FEBRUARY 1986

How blue are the nights in February. . . long and snowy, cold and hungry. The owl's moan is blueing in the February night, and so does the wether-bell, and the hills too, and the blue north-eastern wind is entangling into the blue spruces. Your eyes are blue in the February night, the lullabies of mothers are blue too. . . the long threads of caress.
The flame is blueing in the February night, the blue-flickering light from the log-cabin shivers in the chill. . .
And your hands are blue, those hands that caress me, that encourage me - that forgive me. . .

Blue glade. . .
In an blue embrace
the blue passengers.

With pale blue eyes
the beggar looks at me
and the sky too. . .

Svjetlomodrim očima
gleda me prosjak
i nebo. . .

Glas ptice -
Jesenski šum vodopada
srušen niz kamen.

Voice of a bird -
Autumn murmur of a cascade
pulled down along the stone.

A cherry-tree;
well, I don't know how I found it
in the thick forest. . .

Divlja trešnja;
no, ne znam kako ju nađoh
u gustoj šumi. . .

Kad budeš sam
u gori - sjeverni vjetar
nek' ti bude blag!

When you'll be alone
in the mountain - may the tempest
be gentle to you!

In the late Autumn
children play the game of war. . .
It's so very cold.

U kasnu jesen
djeca se igraju rata. . .
Tako je hladno.

In the blizzard. . .
There is no throughfare between
The hugged couples.

U vijavici. . .
Nema prolaza među
zagrljenima.

Na staroj crpki
počiva golub - Možda je
nosio pismo. . .

On the old pump
a pigeon rests - Maybe he was
carrying a letter. . .

She passed by. . .
Nothing can hide the Spring
in her round breast.

Prošla je. . .
Ništa ne skriva proljeće
u oblim njedrima.

Da ne padne
sam se srušio dječačić
na skijama.

A little boy
on the skis fell spontaneously
to prevent the fall.

In front of the doors
an umbrella is drying -
a guest in the room.

Pred vratima
suši se kišobran -
u sobi gost.

The forest well:
there's gold inside of it -
Sun drinks the water.

Šumski izvor:
ima zlata u njemu -
Sunce pije vodu.

Sumrak.
Ljubavni zov jelena -
zov sunca u ponoru.

The twilight.
The love-call of the deer -
Sun's call in the abyss.

Expanse of the dusk;
in the West I still can see
- the day is dreaming. . .

Prostranstvo sumraka;
na zapadu još, vidim
- mašta dan. . .

A onda mir. . .
Kos je u šipražju
prestrašio oluju.

And than the peace. . .
A blackbird suppressed the storm
in the underwood.

Through a covered path
the night is gathering in
the left over footprints.

Kroz zametenu stazu
u ostavljenim koracima
skuplja se noć.

Tiho otvori prozor
da ne otreseš san
s trešnjina cvijeta.

Open the window quietly
se you wont't shake down the dream
from the cherry-flower.

Fireflies caress
the dead of the night.
Azure of the dreams.

Gluhilo noći
dragaju krijesnice.
Modrina snova.

Dođite prijatelji
u moj proljetni vrt
pisat ćemo pjesme!

Dear friends
come to my Spring garden
we'll write poems!

Morning in the park.
The night is still hiding
in a few shrubs.

Jutro u parku.
Još se skriva noć
u ponekom grmu.

Sunce sagnuto
nad vodu - gasi se
mutnim dnom neba.

The Sun bowed down
over the water-dies out
in the thick sky's bottom.

NA GROBU VRAZOVE LJUBICE / ON LJUBICA'S TOMB

Out from the dark
the Autumn rain falls
on Ljubica's tomb. . .

Iz mraka
pada jesenska kiša
na Ljubičin grob. . .

Grm ruže.
Kaplju latice
na pijesak groba

A resebush.
The petals are dripping on
the sand of the tomb.

Face, eyes, mouth. . .
Ivy of the »Liric«-wind
is in high spirits.

Lice, oči, usta. . .
Razigrani bršljan
vjetra »Đulabija«.

Bakreni reljef.
Ljubičini uvojci
tako su mirni. . .

The copper relief.
Ljubica's curls
are so still. . .

The parish church-bell
scatters the birch-tree's leaves. . .
Ljubica's grave.

Zvono župne crkve
razbacuje lišće breze. . .
Ljubičin grob.

PJESME OD DIMA I SUZA
THE POEMS FROM SMOKE AND TEARS

WAKA

Vjetrovi s mora
njišu krošnje platana.
Bolnički park.
U neozdravljeno jutro
ulijeće šareno lišće. . .

Winds from the sea
swing the crowns of plane-trees.
The hospital park.
Some mottled leaves fly into
the unrecovered morning. . .

Kroz tvoje pjesme
prostire se Mliječni put. . .
i more. . .
Danas ću pohvaliti
samo uštap na nebu!

Through your poems
the Milky Way unfolds. . .
and the sea too. . .
Today I will praise only
the Full Moon in the sky!

Kod nas ne raste!
»Pjesmu uz sadnju riže«
čujem u vjetru. . .
nad poljem pšenice
daleko u Slavoniji. . .

It doesen't thrive here!
»The Song of the rice-planting«
I hear in the wind. . .
all over the field of wheat
far away in Slavonia. . .

Za pticu čikavac
o kako ću pronaći ime. . .
Miris jorgovana.
Da, baš to je njeno ime -
Miris jorgovana!

How shall I find
an proper name for the trush. . .
The scent of lilac.
Yes, that is its real name -
The scent of lilac!

Dijete prognanik
čvrsto prstićima steže
majčine dimije.
Bože, koliko će riže
progutati Jisô do kraja rata. . .

A refugee-child
pulls tightly with his fingers
mother's Turkish trousers.
God, how much rice will Jizô
swallow untill the end of war. . .

Kako je biti sam? Pita stari kvrgav dub s kraja jeseni. . . Hm, ta sumaglica koja skriva nebo. . .	How is it to be alone? Asks an old knotty oak of the late Autumn. . . Well, that haze which hides away the sky. . .
Teče iz mene sve što se nakupilo ove jeseni. . . Žuto, crveno, smeđe boje crne tuge. . .	It flows out from me everything that gathered during this Autumn. . . Yellow, red, brown colours of black sorrow. . .
Poljubac iz vlaka raspprši proljetni vjetar. . . Čekaj me. . . ! Još dugo osta iza jurećeg odlaska. . .	A kiss from the train scattered by the Spring wind. . . Wait for me. . . ! Remained far long after the speedy departure. . .
Poslije kiše primiče se drveće - pjevaju ptice. . . Dimovi dalekih sela grizu osušene suze.	After the rain trees are drawing nearer - birds are singing. . . Smokes from the far villages biting the dried-out tears.
Dani razaranja; kad li će doći svjetlo u ovo selo? Doći ću, doći već s prvim snijegom!	Days of destruction; when will the light enter into this village? I shall come, I shall come along with the first snow!

Pod borom encijan - tješi smrznutog vrganja. . . Rano se jutro opušta pod tihim zracima Sunca.	Under a pine an gentian - comforts the frozen mushroom. . . The early morning falls down under the silent sunbeams.
Veliki Petak. U zavezanim zvonima lupa tišina. Pusti svoje srce - polako. . . Otkucaj po otkucaj.	The Good Friday. In the tied up bells the silence batters. Let your heart to - slowly. . . One knock after another.
Raste bijeli hrast - i kad je zima veći je tek toliko koliko je snijeg napadao kroz noć!	The white oak grows - and in the Winter it's bigger just as much as the snow has fallen during the last night!
Svo je blago ostavio prijatelj. . . »S puškom na ramenu«. Tama rane jeseni treperi nad gradom.	A friend left behind all his treasure. . . »With rifle on the shoulder«. Early Autumn darkness flickers above the town.
Razaranje. . . Nit' ptica da otpočine na crkvenom tornju. Dani dugi kao godine, godine duge kao kiša. . .	The devastation. . . Not even a single bird to rest on the bell-tower. The days long as the years, the years long as the rain. . .

Iz breskvine rane
teče smola - Bolna li je
ova jesen. . .
Čvorci nevoljko odlaze
put dalekog juga.

The resin flows out
from the peach's wound - This Autumn
pours out sorely. . .
Starlings loath to depart
toward the distant South.

Na pustopolju
tamo gdje su bile brazde -
lanjsko strašilo
više ne čuva nit'
vjetar u rukavu.

On the wasteland
there where the furrows were -
a last year's scarecrow
doesn't guard anymore
even the wind in its sleeve.

Stećci putuju
niz obalu rijeke. . .
Mrtvi. . . živima. . .
Šaš čvrsto čuva tajnu
u podivljalom vjetru.

The standing tomb-stones
flow along the river's bank. . .
The deads. . . to the living. . .
The reed guards the secret
in the grown wild wind.

Mlad Mjesec
proviruje kroz prozor. . .
Življe teče molitva
u naboranim prstima
krepke starice.

The New Moon
peeps throuhg the window. . .
In the wrinkled fingers
of an hale old woman
the prayer flows more lively.

Samo par sati
leta, voden-cvijeta. . .
Ljetne pahulje. . .
Toplina se predvečerja
uvukla u noć. . .

Only a few hours
of flight of the mayfly. . .
The Summer flakes. . .
The heat of the eve
sneaked into the night. . .

To hruštevi
grickaju svibanjsku tišinu. . .
Trešnja u sumrak.
Na obrazu Mjeseca
slatke mrljice. . .

That are maybugs
nibbling at the May silence. . .
Cherry-tree at dusk.
On the face of Moon
some sweet little spots. . .

Na polju
velike bitke -
zarudjele jagode.
Mnoge su kiše oprale
zvuke svijetlih sablji. . .

On the field
of a great battle -
the strawberries reddened.
Many rains washed away
the sounds of shining sabres. . .

Širina proljetne
šume - nit' u plavet
više ne stane
toplina zelenila,
toplina cvrkuta.

Width of the Spring
forest - now even the azure
can hold anymore
the warmth of greenness,
the warmth of warble.

Huči slap
milujuć' vodu Korane.
To je daleko. . .
Ogaravljeni obraz
starog mlinara.

The waterfall roars
fondling the water of Korana.
That is far away. . .
A sooty cheek of
the old miller.

Probudi me noćas
stih mrtvog pjesnika
i kapi kiše. . .
Bože, gdje li se sad
prostiru zvijezde?!

This night the raindrops
and the dead poet's verse
woke up me. . .
Oh God, where the stars
unfold themselve right now?!

CRTICE / THE SKETCHES

Under a warm feather-bed;
who would even remember
of the dead geese?!

Pod toplom perinom;
tko bi se sjetio
mrtvih gusaka?!

Kraj djedove slike
ura
spušta utege. . .

By the grandpa's pictures
the wall clock
lowers down its pendulums. . .

It rains. . .
Resist a little bit more
my hollow shoe!

Kiši. . .
Zapni još malo
šuplja cipelo!

Sunce viri kroz
prozor - Na stolu vino
prepuno svjetla.

The Sun peeps throuhg
the window - On the table
the wine full of light.

Sabre across sabre -
a sign of conciliation
on the wall's shadow?!

Sablja križa sablju
- znak pomirenja
na sjenci zida?!

U rupici gljive
drijema stonoga -
budnih ticala.

A centipede snoozes
in the agaric's puncture -
with her feelers still wake.

Because of passers-by
I haven't even noticed
the shoe cleaner!

Od prolaznika
nisam ni zapazio
čistača cipela!

U cvijet buče
sleti bumbar - pčela
odzuji u nebo. . .

A bumble-bee lands
in the pumpkin's flower - a bee
buzzes into the sky. . .

In the beech-wood's leaves
a prayer of the toad-stools.
The Autumn morning.

U bukovu lišću
molitva muhara.
Jesensko jutro.

Tražeći gljive
zaluta pogled
na prvu jagodu!

Looking for mushrooms
my look goes astray to
the first strawberry!

The old stump's temple.
Chanterelles and the ants
pilgrimize to the Sun.

Hram starog panja.
Lisičice i mravi
hodočaste suncu.

Zajedno
u jesenskom zagrljaju
gljiva i puž.

The agaric
and the smail together in
the Autumn hug.

Into a tree-hole
a squirrel carries in
the Autumn rain. . .

U duplju
vjeverica unosi
jesensku kišu. . .

Znojan je jastuk -
Da, to je sinoćnja kiša
iz snova. . .

The pillow is sweaty -
Yes, that's the last night's rain
from the dreams. . .

A lady-bug
carries on her male -
It lasts for long!

Ženka grobara
tegli mužjaka -
To dugo traje!

Moj put do škole
sada je uspomena. . .
Zimsko jutro.

My way to the school
is now a memory. . .
Winter morning.

From the holly water
a child licked up
a few drops. . .

Od krsne vode
dijete je obliznulo
par kapi. . .

Na slici -
svadbeni osmijeh
majke i oca. . .

On the picture
a wedding laughter of
mother and father. . .

The Spring rain.
The sundrops are falling
out from nowhere.

Proljetna kiša.
Ni iz čega padaju
kapi sunca.

Proljetnu kišu
sluša konj, široko
otvorenih nozdrva.

A horse listens
to the Spring rain with his
wide open nostrils.

HOROSKOP (u pohvalu Sei Shônagon)

Veliko jutro _ Jarac u oštrom mrazu pozdravlja godinu. Bijeli se početak u zagrljaju i poljupcu. . . vjetru koji bocka lice injem. . . tankom svjetlu. Vodenjak prelijeva snijeg u korizmenu pokoru u žalosnu krunicu na usnama starice koja čeka. . . muža. . . brod. . . pjesmu, tko zna?! U Ribama Sunce se zavadilo sa zimom i oduzima joj sad već prašnjavu bjelinu, ali gle u šumskom se cvijeću iz otopljene zime šareni: jaglac, visibaba, šafran. . . Uskrs, Zeleni Jura - vojnik. Vrijeme je Ovna - potoci, sunce, kiša. . . kiša pa potoci. Tako je zeleno! U Biku najljepši su vrtovi, ptice, stihovi. . . Susreti s prijateljem kad se od srca nasmiješ jednosatnom snijegu ili preletu kukavice, a tako je toplo. . . Blizanci počinju rumenjenjem trešanja, igrom božura: Sad me ima _ sad me nema pa sve traju do crvenih makova i lahora lipa oko sv. Alojzija do Raka. U potocima i oko njih lopuh je već dostatan da pokrije glavu od jakog sunca a žita u poljima dozrila u kruh. O, kako je vruće za Lava _ pašnjaci bi pili iz samog neba iz modrine pljuska, iz frule pastira. . . Djevica je najljepša u vinogradu dok ruje grozdovi pa djeca zobljući bobice ljupkih obrašćića izgledaju punačkija i nekako nespretno mudra. Večeri još uvijek tople pjevaju cvrčcima a Mjesec dok se mijenja točeći srebro na snove, pobožno počinje pjesmu dugih jesenskih noći. Vaga je puna gljiva. Ispod šarenog lišća ježeva obitelj još uvijek radišna dogovara se što će raditi sutra. . . kad eto magle, duge magle u Škorpionu kad odsutni su bogovi i jedino svjetlo su krizanteme. Strijelac je pospan od dugih kiša i susnježice odložio strijele kraj vatre ognjišta. . . I opet Jarac. . .

Minu godina. . .
O, kako se brzo
preodijevaju vjetrovi.

THE HOROSCOPE (in the praise of Sei Shônagon)

A great morning _ the Capricorn welcomes the year in the biting frost. The beginning is whitening in the embrace and in the kiss. . . in the wind that pricks the face with white frost. . . in the thin light. The Aquarius pours over the snow into the Lenten penance in an mournful rosary to the old woman's lips while she's waiting. . . for her husband. . . for the ship. . . for the song, and who knows what else for?! In the Fish the Sun quarreled with the Winter, and now takes away its already dusty whiteness, but the forest flowers of the melted Winter offer a variegated view; a primrose, a snowdrop, a saffron. . . The Easter, st. Georg _ the soldier. It's the time of Ram _ the brooks, the Sun, the rain. . . the rain and than the brooks. It's so green! In the sign of Bull most beautiful are the gardens, the birds, the verses. . . the meetings with a good friend when you roar with laughter to the one-hour-long snow or at the cuckoo's flight, and it is so warm. . . The Gemini begin with the blush of cherries, with the play of peony: Now I'm here _ now I'm gone; and they last untill the red poppyheads and the linden's zephyr in the days of Saint Aloysius and all the way to the Cancer. In the brooks and around them the cocklebur is already big enough to cover its head from the broiling Sun, and corns in the fields grew ripe to the bread. Oh, how hot is in the Lion _ the grasslands would surely drink from the sky itself, from the azure of a shower, from the shepherd's pipe. . . The Virgo is most beautiful in the vineyard, when the bunches of grapes are mellowing and the children eat their berries with their lovely cheeks, looking rather plumpish and so much clumsily wise. The still not evenings sing with the crickets, and the changing Moon pours out silver on the dreams and devoutly starts to sing a song of the long Autumn nights. The Libra is full of mushrooms. Beneath the mottled leaves the still diligent hedgehog's family is making arrangements for the tomorrow's day. . . and than the fog comes, the long fog in the Scorpio when the Gods are absent and the only light are the chrysanthemums. The Sagittarius is somnolent because of the long rains and the sleet, and he laid away his arrows by the fire-place. . . and than again the Capricorn. . .

A year rolled by. . .
Oh, how fast the winds
change their clothes.

BILJEŠKA O PJESNIKU

Marinko Španović rođen je 31. 05. 1955. u Samoboru. Jedan je od osnivača samoborske književne grupe »KATARZA«, sa čijim je članovima objavio osam biltena i dvije zbirke haiku poezije. Piše poeziju, esejistiku, te haiku poeziju, koju je objavljivao u mnogim časopisima u zemlji i inozemstvu. Član je redakcije haiku časopisa VRABAC, te urednik biblioteke HRVATSKI HAIKU PJESNICI. Haiku poezijom se bavi intenzivno već dvadeset godina. Povodom 300 godišnjice objavljivanja knjige putopisa »Oku-no-hosomichi« (»Uska staza prema sjeveru«) japanskog haiku pjesnika Matsuo Basho-a, nagrađen je za svoj haiku na međunarodnom haiku natječaju u Japanu, 1989. godine. Živi i radi u Samoboru.

BIOGRAPHY

Marinko Španović was born on May 31st, 1955. in Samobor. It is one of the founders of Samobor literal group »CATHARISIS«, and with the members of the group he has published eight bulletins and two books of haiku poetry. He writes poetry, essays and haiku, published in many magazines in Croatia and abroad. He is member of editorial staff of haiku magazine »SPARROW« and editor of CROATIAN HAIKU POETS Series. He has been writing haiku poetry for twenty years. He was awarded at the International Haiku Contest in Japan, 1989. on the occasion of 300. Anniversary of itinerary »Oku-no-hosomichi« (»A Narrow Pathway to North«) of Japanese haiku poet Matsuo Basho. He lives and works in Samobor.

Marinko Španović

Tarai kara
tarai ni utsuru
chimpunkan
Issa

Od korita do
korita pričao sam
koještarije
(preveo Vladimir Devidé)

From the trough
to bier I was narrating
nonsenses. . .
(preveo Marinko Španović)

CIP - Katalogizacija u publikaciji
Nacionalna i sveučilišna biblioteka, Zagreb

UDK 886.2-1=862=20

ŠPANOVIĆ, Marinko
Poljubac svjetlosti = Kiss of light / Marinko Španović ; [preveo Robert Bebek ; ilustracije Mihovil Markulin]. - Samobor : Hrvatsko haiku društvo, 1995. - 111 str. : ilustr. ; 20 cm. - (Biblioteka Hrvatski haiku pjesnici ; knj. 5)

Stihovi. - Tekst usporedo na hrv. i engl. jeziku.

ISBN 953-96157-4-7

950525064